FAKIRS

ET

JONGLEURS

PAR

DANIEL ARNAULD

OUVRAGE ILLUSTRÉ DE 10 GRAVURES

PARIS

LIBRAIRIE DE FIRMIN-DIDOT ET CIE

IMPRIMEURS DE L'INSTITUT, RUE JACOB, 56

1889

FAKIRS

ET

JONGLEURS

TYPOGRAPHIE FIRMIN-DIDOT. — MESNIL (EURE).

FAKIRS

ET

JONGLEURS

PAR

DANIEL ARNAULD

OUVRAGE ILLUSTRÉ DE 10 GRAVURES

PARIS

LIBRAIRIE DE FIRMIN-DIDOT ET Cⁱᵉ

IMPRIMEURS DE L'INSTITUT, RUE JACOB, 56

1889

FAKIRS ET JONGLEURS

De toute antiquité, les jongleurs de l'Inde
ont été célèbres par leurs tours d'adresse.
Dans le monde entier, nul autre mieux
qu'eux ne sait donner au même point l'illusion de l'extraordinaire et de l'invraisem-
blable. Ils troublent les sens et déconcertent
l'esprit par des prodiges d'adresse.

« Est-ce seulement de l'adresse? a dit
M. Henri Vigneau. Qui ne connaît le fait de
ce fakir (moine mendiant) qui se fit enterrer
selon toutes les formules de l'ensevelisse-
ment usité dans le pays, les yeux, les oreilles, la bouche et les narines étroitement

fermés par des bandelettes de toile, les bras attachés au corps, les jambes liées; sur qui la pierre du caveau funèbre fut scellée; qu'une sentinelle veilla nuit et jour, que la foule ne cessa de visiter, afin de bien s'assurer qu'aucune fraude ne pouvait être commise; qui demeura trente jours, s'il m'en souvient, dans cet état, et qui, lorsque le tombeau fut solennellement ouvert, suivant les conventions, devant des témoins de toute sorte, convoqués pour l'épreuve, revint à la vie après certaines opérations indispensables.

« La multitude cria au miracle. Il y avait bien de quoi! Les maîtres de l'Inde, les Anglais, se montrèrent plus sceptiques que la foule : ils savaient les tours de force en ce genre dont était capable cette race singulière qu'ils dominent depuis le temps de Clive et de Warren Hastings. Ils la voient à l'œuvre dans les manifestations diverses de la vie, dans les conditions, à tous les degrés de la fortune et de l'intelligence, et ils trouvent en elle un continuel sujet de surprise et d'inquiétude.

« Jamais la nature humaine n'a paru plus souple et plus multiple que dans ces hommes étranges qui, pusillanimes comme des femmes, incapables de courage pour la guerre, pleins de mensonge et de duplicité, serviles à donner des nausées, ont un orgueil de caste inflexible, un sentiment religieux qu'aucun supplice n'ébranle, et bravent avec un stoïcisme sans pareil, cette même mort devant laquelle ils fuient sur les champs de bataille. »

Dans l'Inde, où le corps se prête avec tant de souplesse aux flexions les plus difficiles, des exercices d'une expiation fanatique ont été élevés au rang d'un art, et ces jongleries sont devenues un métier, qui s'exerce avec la dernière perfection dans toute la presqu'île hindoustanique, depuis le simple acrobate, qui amuse les foules, jusqu'au fakir fanatique qui les terrifie.

Présentons d'abord à nos lecteurs les équilibristes.

Dans un petit village des montagnes du centre de l'île de Ceylan, le baron James Tennent, dont on ne peut suspecter la bonne foi, eut, un jour, l'occasion d'assister à une représentation en plein vent, donnée par un jongleur cingalais.

« Il ouvrit la séance, dit-il, en grimpant à une longue perche que traversait, à 6 pieds de terre environ, une barre horizontale. Une fois debout sur cette espèce de croix, il parcourut, sur la route, une assez grande distance, au moyen de bonds prodigieux; puis, revenant de la même manière vers le public, il com-

Fig. 1. — Fakir indien.

mença, sans quitter sa position, la série de ses exercices. Ceux-ci consistaient en escamotages et tours de mains de toute espèce : cailloux attrapés au vol et qui disparaissaient comme autant d'oiseaux dès qu'il ouvrait les doigts; œufs brisés, d'où s'échappaient de petits serpents; boules de cuivre, tenues en perpétuel mouvement au moyen de coups frappés des mains et des coudes.

« Puis vinrent des tours plus compliqués. Ainsi, balançant sur son nez un petit bâton, surmonté d'une coupe renversée, sur les bords de laquelle douze balles perforées pendaient par des fils de soie, il prit entre ses dents douze petites baguettes d'ivoire, et, par le seul mouvement des lèvres et de la langue, il arriva à introduire successivement chaque baguette dans le trou de chacune des balles, et à chasser le support central devenu dès lors inutile.

« Pour ce tour, comme pour une infi-
nité d'autres, le jongleur ne cessa pas un

Fig. 2. — Ganésa, dieu de la sagesse.

seul instant de garder l'équilibre sur sa
perche.

« Il prit ensuite une boule de granit
de 6 ou 7 pouces de diamètre et du poids
de 14 ou 15 livres, et, debout, les bras

étendus horizontalement, il fit rouler, à plusieurs reprises, du poignet gauche au poignet droit, et *vice versa*, en lui faisant suivre les bras et les épaules, mais sans autre mouvement apparent de son individu qu'un vigoureux effort des muscles du dos. Enfin, saisissant cette même boule des deux mains, il la jeta à la hauteur d'une vingtaine de pieds, et la regardant retomber jusqu'à ce qu'elle ne fût plus qu'à quelques pouces de son crâne, il pencha la tête en avant et reçut la boule entre les deux épaules, sans la laisser choir à terre.

« Après avoir renouvelé plusieurs fois de suite ce jeu dangereux, il exécuta une nouvelle promenade juché sur sa perche, et termina sa représentation au milieu des sourires approbateurs de l'assistance. »

Connaissez-vous Ganésa? C'est, dans l'Inde, le dieu de la science et de la sagesse. Sa fête est célébrée religieusement dans plusieurs villes, au milieu d'un grand concours des populations les plus diverses.

A l'endroit où le Gange coupe la dernière terrasse des contre-forts de l'Himalaya, la petite ville d'Hurdwar se peuple, chaque année, au commencement d'avril, de plus d'un million d'hommes, accourus de tous les points de l'Inde, pour y accomplir tout à la fois leurs devoirs spirituels en se baignant dans le fleuve sacré, et y exercer leurs aptitudes commerciales en prenant part à la grande foire dont la religion est le motif ou le prétexte.

Ces foires de l'Inde ressemblent, à plusieurs égards, aux foires de l'Europe. Mais l'œil y est ébloui par cet assemblage de vêtements blancs, sur lesquels tranchent des écharpes aux couleurs les plus brillantes. Pèlerins et marchands se montrent couverts d'armures étincelantes; une multitude de drapeaux en mouvement, des éléphants couverts de riches draperies, des chameaux, des cavaliers forment avec la foule des groupes resplendissants.

A Jeypour, où se célèbre aussi la fête de Ganésa, ces groupes pittoresques sont encadrés par la longue ligne des palais du nabab, qui eux-mêmes se détachent sur l'éclatante verdure des arbres et des palmiers qui remplissent les jardins. C'est dans ces réunions si nombreuses de gens de toutes conditions, de tout âge, venus des contrées les plus lointaines de l'Inde que se produisent avec le plus d'éclat les jongleurs émérites.

Une autre fête, celle du Soungoun fournit l'occasion d'une curieuse étude de mœurs hindoues. Même les mahométans désœuvrés se rendent à cette foire, séduits par l'adresse et la légèreté incroyables des jongleurs de Daboupattoun. Les plus habiles prestidigitateurs européens seraient

Fig. 3. — Pèlerins hindous.

déconcertés de tant de savoir-faire : ainsi, leurs confrères indiens sont capables de changer des poulets en œufs, des pépins de manglier en un arbre qui porte des fruits mûrs.

Les acrobates, pour ne point demeurer en arrière, se livrent à des exercices très surprenants. Un voyageur anglais en a cité un qu'il a admiré, car il est très périlleux; il faut l'avoir vu pour s'en faire une juste idée. Qu'on se figure un cercle de bois, élevé à près de 2 mètres au-dessus du sol; on y a percé des trous et dans ces trous sont passées des épées, dont la lame est très aiguë. L'espace entre les épées et la partie basse du cercle est si petit, qu'il semble s'opposer au passage du corps d'un homme. Avec une agilité sans pareille, le baladin, se servant, comme d'un tremplin, d'un morceau de drap tendu près de la terre, s'élance à travers l'étroite ouverture laissée dans le cercle, en se faisant mince d'une inconcevable manière.

Très forts également sont ces acrobates qu'a vus M. Louis Rousselet, dansant sur une corde détendue. Le danseur s'avançait, pieds nus, sur cette corde, armé d'un balancier; sur la tête, il portait une pyramide de vases de terre. Parvenu vers le milieu du trajet, il imprimait à la corde une vive oscillation, tout en continuant de conserver l'équilibre : les jambes et même le buste suivaient les mouvements de la corde, mais rien ne bougeait sur sa tête. Un autre « artiste » passa le long de cette même corde, en marchant sur des pointes de cornes de buffle, attachées à ses pieds en manière d'échasses.

Revenons aux jongleurs.

On les voit couramment exécuter des tours difficiles comme celui dont nous allons parler. L'un d'eux prend une grosse toupie et, après lui avoir donné un fort mouvement de rotation, la place au bout d'une baguette qu'il tient en équilibre sur son front; alors, selon qu'on le lui commande, la toupie s'arrête court ou recommence à tourner, et cela pendant assez longtemps.

M. Rousselet, dans *l'Inde des Rajahs*, a décrit ce tour. Le comte Russell-Killough l'a vu faire, avec quelques variantes, sur le pont d'un navire bercé par le roulis. La baguette est posée en équilibre au bout du nez; quelques mots cabalistiques, et la baguette se met à tourner avec la toupie; un commandement, et aussitôt la toupie tourne seule.

Un de leurs tours les plus gracieux, et difficile à s'expliquer, est le suivant : le jongleur prend un plateau contenant du riz, rien que du riz; il le secoue de manière à jeter tout ce riz en l'air et, à mesure qu'il retombe, on le voit subir une transformation graduelle, mais complète en toutes sortes de graines, jusqu'à ce qu'il ne reste plus du tout de riz.

Tel escamoteur crache plusieurs livres pesant de clefs de serrure, de clous, et vomit de l'étoupe enflammée; tel autre s'enfonce réellement dans le gosier un couteau long de 18 pouces, et chacun peut s'assurer en tâtant le cou, que la lame a pénétré fort avant. Un troisième vous fait toucher une vieille peau de serpent, dure comme du parchemin; puis il la place dans un mouchoir tout en jouant de sa trompette. Remarquez que l'homme est dans un état de nudité absolue. Soudain, il découvre la vieille peau de serpent : horreur! c'est un *cobra capello* qui apparaît, cherchant à mordre.

Un autre de leurs tours fait frémir.

Le bateleur fait entrer, dans une corbeille en osier, un jeune enfant; il l'y enferme et transperce la corbeille avec une pique ou un sabre. L'arme sort rouge de sang… Que s'est-il passé? Est-ce un jeu? assiste-t-on à une odieuse mystification? à une explosion de fanatisme? Pas du tout; jonglerie pure : l'enfant captif est délivré; il apparaît à la vue des spectateurs, souriant et sans blessure.

Revenons au tour de la graine qui prend racine et se développe en arbuste instantanément. M. Grandidier a vu faire ce tour à Madras. Le jongleur, presque nu, avait ceint ses reins d'un simple lambeau de toile. Il prit la graine d'un arbre, la mit en terre devant le public, dans un petit pot ; au bout de quelques minutes la graine avait germé, on voyait pousser successivement tiges et feuilles; quelques instants encore, et l'on pouvait rassasier ses regards émerveillés d'une plante de belle venue, ayant plus d'un pied de hauteur.

Le comte Julien de Rochechouart a ren-

Fig. 4. — Mangouste et cobra-capello.

contré aux Indes des « escamoteurs réellement incroyables ».

A Madras, il en monta un sur le bateau qui
l'avait amené. « Il se montra, dit le voyageur,
dans ses *Excursions autour du monde*,
d'une habileté extraordinaire. Il n'avait pour
tout vêtement qu'un *langouti* (caleçon) et
un turban, et portait à la main un petit
sac de sable. Il en fit, devant tout le monde,
une petite montagne, y mit une graine et
la recouvrit d'un mouchoir; au bout d'un
instant, prétendant avoir entendu du bruit,
il enlève le mouchoir et nous montre un
petit arbre qui avait poussé; cette branche
est bientôt remplacée par une autre chargée
de fruits; enfin, il se lève en poussant des
cris horribles, et nous voyons sortir un
énorme serpent de sa montagne factice.

« Entre chaque phase de ce petit drame,
il posait, un seul instant, ses mains qui
nous semblaient vides, sur le mouchoir.

Moyennant une somme d'argent, il répéta ce tour à découvert. Tous les objets qu'il faisait sortir du sable étaient cachés préalablement dans un pli de son jupon; et c'était à l'aide de l'escamotage, et avec une adresse infinie, qu'il parvenait à les glisser sous sa petite montagne. »

Peut-être le plus joli de tous ces tours est-il celui qu'exécuta une jeune fille, amenée par son père chez un touriste anglais : elle mêla trois poudres, rouge, jaune et blanche, dans un verre d'eau, but le mélange, et presque aussitôt retira de sa bouche, l'une après l'autre, les poudres à l'état sec.

Des jongleurs aux fakirs la transition est facile : souvent les fakirs ne sont que des jongleurs adroits doublés d'hyprocrites, mêlant la religion à la magie blanche.

Fakir est un mot qui, en arabe, signifie *pauvre*.

On désigne ainsi dans toute l'Inde les moines mendiants et vagabonds, musulmans ou idolâtres, qui ont beaucoup de ressemblance avec ceux qu'en Perse et en Turquie on nomme *calenders* et *derviches*. Nous empruntons au *Dictionnaire de la Conversation* d'intéressants détails sur les fakirs.

Les fakirs mahométans qui se destinent à devenir *mollahs* ou docteurs sont assez réglés dans leurs mœurs, et vivent retirés dans les mosquées, où ils étudient le Coran et les lois musulmanes. Quant aux fakirs idolâtres, ils sont partagés en plusieurs sectes, qui diffèrent de nom et de costume plutôt que d'habitudes.

Ces prétendus religieux, dont la dévotion n'est que de la paresse, aiment mieux vivre d'aumônes que d'un travail quelconque; si on leur refuse, ils insultent ou volent. Ils marchent isolément ou par bandes, souvent

plusieurs centaines ensemble, sous la con-
duite d'un supérieur. Ils laissent croître

Fig. 5. — Fakir battu par les singes.

leurs ongles. Les uns vont presque nus;
les autres couvrent leurs haillons d'une robe
crasseuse faite de plusieurs morceaux, qui
leur descend à mi-jambe. Les chefs se dis-

tinguent par une robe plus bariolée, par
une peau de bête attachée sous le menton
et par une chaîne de fer qu'ils traînent à
un de leurs pieds. C'est au son du cor ou
du tambour qu'ils rassemblent leurs disci-
ples, qui les escortent armés de lances, et
portant l'image d'une idole pour étendard.

Un petit nombre des fakirs se contentent
de célébrer les louanges de leur fondateur,
et s'abandonnent au trafic, parfois à l'u-
sure. Quelques-uns se barbouillent le corps
de cendre et de bouse de vache, couchent
en plein air et ne mettent que les riches à
contribution. Il y en a qui s'ajustent et se
parent comme des femmes, afin d'imiter
les bergères du dieu Krichna; d'autres,
ayant pour colliers des peaux de serpent
ou des ossements humains, affectent l'air
féroce de la déesse Siva.

Les fakirs pénitents sont entièrement nus
en toutes saisons, et se tiennent jour et nuit

dans des postures gênantes. Quoiqu'ils se donnent pour prophètes, la plupart finissent par devenir idiots ou fous. Au milieu du dix-septième siècle, on en comptait plus d'un million dans l'Inde; ce nombre a considérablement diminué aujourd'hui.

Ces fanatiques abusent surtout du bras tendu, du poing fermé, comme moyens d'exciter la compassion. M. Rousselet nous donne le spectacle d'une de ces exhibitions révoltantes.

« Parmi les curiosités de Sounagour, il ne faut pas oublier, dit-il, de décrire un fakir, que j'aperçus un jour à la porte du caravansérail, et qui représentait bien le plus hideux exemple de fanatisme hindou qu'il soit possible d'imaginer. C'était un *goussaïn* ou mendiant religieux d'une secte spéciale; sa figure, entourée d'une barbe hérissée et inculte, portait des tatouages rouges dessinant un trident; ses cheveux, liés ensemble, s'enroulaient au-dessus de sa tête en une mitre pointue; son corps maigre, entièrement nu, était barbouillé de cendre.

« Mais ce qu'il y avait de plus effrayant dans cet affreux ensemble, c'était le bras gauche qui, desséché et ankylosé, se dressait en l'air perpendiculairement à l'épaule; la main fermée, entourée de courroies, avait été traversée par les ongles, qui, continuant leur croissance, se courbaient en griffes de l'autre côté de la paume; enfin, le creux formé par cette main, et rempli de terre, servait de vase à un petit myrte. Ce bras, immuablement tendu, donnait à ce malheureux un air de prophète courroucé et menaçant. »

Mais qu'on se rassure : ces fakirs ne mènent pas toujours la vie de pénitents. Jacquemont en a rencontré des bandes nombreuses, non loin de Godavery, et ils paraissaient de fort joyeux compères.

« Mes trois années de séjour dans l'Inde, dit-il, m'ont permis de recueillir à leur sujet une foule d'observations, et, tout me porte à croire que le nombre de ceux qui se livrent aux pénitences cruelles, dont parlent les livres sanscrits, est assez restreint. J'ai surpris quelquefois dans un lieu écarté, au bord d'un ruisseau, faisant leur repas dans la chaleur du jour, ceux que j'avais rencontrés le matin ou la veille dans un village, s'y faisant horribles, hideux, pour commander la charité des cultivateurs hindous. Je les avais vus nus, le corps couvert de cendre, les cheveux épars, le regard stupide et farouche, la bouche close; je les retrouvais, à la chute du jour, tout différents.

Pour préparer leurs aliments, ils s'étaient dépouillés de leur costume de fakirs, dont l'eau du torrent voisin avait facilement enlevé la trace; ils jasaient entre eux, joyeusement occupés, l'un à allumer le feu , l'autre à pétrir sur une pierre plate la farine dont la charité des villageois avait rempli leur bissac. Un troisième, se servant comme d'un pilon de son pesant bâton de route, pilait, dans le creux d'un rocher, du sel, des piments, du cardamome, du poivre, et d'autres épices, dont la bande était bien approvisionnée. Et le beurre et l'huile ne manquaient pas plus que les condiments à ces gâteaux dont chaque convive avalait d'énormes morceaux.

« On allumait ensuite un *houka* (sorte de pipe), dont les fumées enivrantes de chanvre et d'opium provoquaient bientôt une sieste prolongée. Au réveil, chacun faisait son sac où, sous le plus petit volume, il renfermait tout le mobilier nécessaire au bien-être d'un Hindou, le chargeait sur ses épaules, et alors, barbouillée de nouveau des cendres refroidies du foyer, bien repue, bien reposée, et de nouveau bien horrible à voir, la bande joyeuse reprenait sa marche, prête à paraître sourde-muette et possédée du diable en vue du premier hameau. »

N'avions-nous pas raison d'assimiler la plupart de ces fakirs aux jongleurs de profession?

LES DERVICHES

HURLEURS ET TOURNEURS

Il y a quelques années un jeune homme d'une famille riche de Trébizonde, en Asie Mineure, perdit son père et sa mère. La fortune dont il hérita pouvait lui assurer une vie facile et tranquille. Mais les derviches, toujours à l'affût d'une proie, s'introduisirent chez ce jeune homme, sous prétexte de soulager l'âme de ses parents défunts. Ils fréquentèrent assidûment la maison trop hospitalière, et l'héritier, circonvenu par eux, cédant à leurs obsessions, leur ouvrit ses coffres et, ce qui était bien plus grave, leur abandonna la direction de sa vie.

La société de ce fils de famille se composa bientôt presque exclusivement de gens étranges, à la longue chevelure, à la barbe inculte, à peine couverts de peaux d'animaux ou d'informes haillons, se présentant pieds nus, la sébile du mendiant à la main, des pierres à miracle pendues au cou. A toute heure, ils pénétraient chez l'héritier, qui toujours se levait humblement devant eux, comme il convient, leur témoignait le plus grand respect et leur distribuait de larges aumônes.

Qu'arriva-t-il? C'était facile à prévoir. Deux ans après, le pauvre garçon, ayant perdu la raison, parcourait les rues de la ville, un chapelet à gros grains à la main, les yeux égarés, les cheveux épars, sans souliers et presque sans habits. Il se recommandait pour subsister à la charité publique. Les derviches qui le rencontraient riaient dans leur [barbe de leur trop crédule disciple, comme ayant trop pris à la lettre cette maxime de Mahomet : « La pauvreté fait ma gloire. »

Tous les derviches ne sont pas errants. La plupart vivent réunis dans des couvents ou *téké*, fondations pieuses de l'islamisme. Commencées, du vivant de Mahomet, par l'association de quelques fervents dévots de la Mecque et de Médine, les congrégations religieuses musulmanes prirent, avec le temps, un accroissement considérable. De nouvelles communautés, ayant des règles particulières, s'ajoutèrent aux anciennes. On ne compte pas moins de trente-deux congrégations importantes.

Les deux plus fameux de ces ordres religieux sont les Mevlevis, institués par Djelal-ed-din Mevlavna, mort en 1273, et les Roufaïs, créés, un siècle auparavant, par Ahmed-Roufaï.

Les derviches mevlevis, plus connus sous le nom de *derviches danseurs* ou *tourneurs*, se livrent à des danses bizarres, entremêlées de méditations et de psalmodies, soutenues d'un peu de musique. Par leur application dans ces exercices, ils prétendent parvenir à une sorte d'extase qui les ravit à la terre.

Le plus important de leurs couvents se trouve à Constantinople, entre les faubourgs de Pera et de Galata. On y pénètre par une cour, ombragée de beaux arbres. Chaque mercredi, leurs exercices y attirent nombre d'étrangers et de touristes.

L'un d'eux a décrit ainsi la salle où ont lieu les pratiques de ces fanatiques : « Cette salle, au parquet poli comme un miroir, tient à la fois de la salle de bal et de la salle de spectacle : elle est carrée et entourée de colonnes doriques peintes en vert, qui encadrent les compartiments où se tient le public. En haut, une tribune avec un grillage doré pour les femmes et, sur la droite, une galerie dorée réservée au sultan. Comme décoration, un lustre de cristal de roche au centre de la salle. »

Derrière le chef de la communauté se tient assis le *mirab*, chef des exercices, au fond de la salle, les jambes croisées sur un tapis. Les fenêtres ouvertes offrent des échappées sur le Bosphore, avec Scutari dans le fond. Les bateaux à vapeur sillonnent le détroit; Top-Hané et ses maisons blanches, entourées de verdure, ont un aspect civilisé, qui fait trouver plus étrange encore, par le contraste, le spectacle essentiellement oriental qui se produit, une fois par semaine, sous les yeux des spectateurs.

Les derviches occupent le centre de la salle, assis sur leurs talons; la plupart sont coiffés d'un bonnet de feutre épais, en forme de pain de sucre.

Au début de la cérémonie, le mirab commence à chanter, d'une voix lente comme celle des prêtres dans les offices des morts. D'une tribune, des voix lui répondent sur un ton plaintif, qui s'élève peu à peu. *Allah, illah làh! Allah illah làh* (Il n'y a de Dieu que Dieu)! disent les voix en chœur; une harmonie bizarre plane au-dessus de ce chant. Pas une note qu'il soit possible de fixer; toutes sont dissonantes; elles glissent de tons inconnus en tons inconnus, avec un accord insaisissable.

Enfin, les chants cessent, et un silence profond s'établit... Soudain, est-ce une illusion? on dirait que quelques notes timides, tirées d'une flûte, courent au hasard. Ce n'est pas une erreur : l'instrument module insensiblement un air mélanco-

Fig. 6. — Derviches tourneurs.

lique, qui vient, avec hésitation d'abord, soutenir le faux-bourdon d'un trombone. Les deux musiciens observent une progression calculée.

Le mirab, qui est presque toujours un vieux derviche au visage parcheminé, aux tempes rasées, frappe dans ses mains, et tous les derviches se lèvent et vont le saluer deux à deux; défilé qui rappelle la cérémonie du *Malade imaginaire*.

Cependant, les musiciens ont accéléré le mouvement de leur air et, tout en marchant, les derviches, se débarrassant de leur manteau, ont commencé à tourner en s'accompagnant d'une espèce de chant. Les robes bleues dont ils sont vêtus s'enflent et se ballonnent, tandis qu'ils tournent plus vite. L'élan donné, ils étendent les bras et se mettent à valser doucement, en pirouettant sur les talons.

Mais la fatigue les envahit visiblement; ils cessent leurs chants, sans discontinuer de tourner; la tête est penchée, les yeux fermés à demi, le visage pâle; leur mouvement de rotation sur eux-mêmes se combine avec un mouvement circulaire autour de la salle. La vitesse avec laquelle sont exécutés ces tours croît rapidement, et finit par devenir vertigineuse. Il faut à ces hommes une bien longue habitude de tourner de la sorte pour ne pas perdre l'équilibre et ne pas se heurter les uns aux autres.

Voilà donc nos derviches tourneurs! Spectacle étrange que celui de ces hommes barbus voltigeant en cadence et se livrant à une pratique, dont tout caractère religieux semble exclu.

L'ordre des Roufaïs se distingue des Mevlevis par le genre de spectacle offert à la curiosité publique; bien entendu, nous en parlons en profane. Les Roufaïs se présentent comme des faiseurs de miracles et obtiennent du peuple ignorant d'être pris en vénération. Leur couvent le plus renommé se trouve près du cimetière de Scutari, qui est le plus ancien cimetière de Constantinople. Les spectacles qu'ils y donnent chaque jeudi attirent un grand concours de fidèles musulmans, avides d'être témoins de leurs miracles. A trois heures, les exercices commencent par des invocations, des prières chantées et de violentes contorsions.

Dans une petite tribune, si basse de plafond qu'on ne peut s'y tenir debout, s'entassent les touristes étrangers. Chez les derviches hurleurs de Scutari, la salle est pauvre d'aspect.

Le chef de la congrégation donne un signal. Aussitôt les derviches, sans cesser de chanter, se mettent à balancer leur corps, ils se baissent jusqu'à terre et se redressent brusquement. Lorsque le chant les a fatigués, ils poussent des gémissements, qui ne semblent pas sortir de poitrines humaines. Malgré tout, les mouvements s'accélèrent, les gémissements deviennent de sourds rugissements; les religieux touchent la terre de leur turban; ils se rejettent en arrière et la touchent encore; ils jettent leurs bonnets pointus; leur longue chevelure se répand sur le visage, elle bat les joues, elle flotte sur le dos; leurs têtes semblent ne plus tenir aux épaules.

Il y a des types de fumeurs d'opium à la physionomie maladive, des Turcs aux lèvres charnues avec des barbes de bouc, des Asiatiques au front proéminent et au teint bronzé, des nez en bec d'aigle, des yeux égarés. La sueur ruisselle de leur corps; ils se dévêtissent à demi. Et

quand la voix commence à leur manquer,
ce n'est plus un chant qui sort de ces poitrines épuisées ; on n'entend plus qu'un
Allah hou! puis une sorte d'aboiement ou
de hurlement, où l'on ne distingue plus
que les *hou! hou! houou!* Et voilà nos
derviches hurleurs!

Le spectateur est interdit, suffoqué, il se
croit en proie à un cauchemar; il est af-
fligé par la navrante exhibition de ces créa-
tures humaines qui travaillent à provoquer
des convulsions, qui font tous leurs efforts
pour perdre le sentiment. Il est impossi-
ble toutefois de ne voir là qu'une jonglerie pure. Ces malheureux, éperdus, hale-
tants, en proie à une véritable fureur,
jetant mille fois le nom de Dieu en l'air,
se livrant à de si effrayantes folies, doi-
vent croire sincèrement qu'ils acquièrent
de réels mérites.

Ce n'est là que la première partie de

Fig. 7. — Derviches en extase se perçant la joue.

la séance. Le mirab est assis en avant d'une niche où sont suspendus des couteaux, des sabres, des poignards de toutes formes, des aiguilles, des crochets aiguisés : quelque chose qui a tout l'air d'un arsenal de torture.

A peine les chants, les mouvements de corps et les hurlements ont-ils cessé, ceux des derviches qui se sentent saisis d'une sainte fureur, viennent réclamer de leur supérieur un de ces instruments de supplice, afin de manifester, par une épreuve douloureuse, l'ardeur et la sincérité de leur foi.

Alors commencent des scènes d'un caractère réellement révoltant. Certains derviches se font de larges incisions sur le corps; d'autres passent à travers leur langue des lames de fer rougies au feu, d'autres se plantent des clous dans la tête, se percent les joues, se brûlent les chairs des bras et des jambes. C'est à la fois répugnant et horrible à voir.

En Égypte, ce sont des pratiques identiques. L'étranger qui visite le Caire et les principales villes peut assister à ces mêmes exercices religieux, s'il est admis, à certaines heures, dans un de ces couvents de derviches, qui sont pour la plupart élevés à l'endroit où résidait un *ouéli* (saint), qui était en rapports étroits avec l'ordre auquel appartient le couvent.

Chaque jeudi, à la tombée de la nuit, on voit, au Caire, une troupe de derviches, reconnaissables à leurs bonnets de feutre gris, s'acheminer en procession, des lampes à la main, par la rue Abdin, puis tourner à gauche dans les culs-de-sac du quartier grec. Ils se rendent à une mosquée rarement visitée par les touristes, et passent la nuit entière à réciter des prières autour du tombeau du saint qui y est inhumé. Plus d'un dévot non initié prend part à leurs exercices pieux, et non seulement des gens du peuple, mais des Cairotes instruits et de grande famille, tant est profonde la vénération accordée aux derviches et à leurs saints, faiseurs de miracles.

A certaines fêtes, telle que l'anniversaire de la naissance de Mahomet, les habitants dévots de la ville des califes aiment à prendre une part des plus actives à la cérémonie religieuse du *zikr*. Le directeur de l'exercice, le mirab, appelé en Égypte *mounchid*, se tient au milieu, et conduit de la voix et d'un battement rythmé des mains, l'émission simultanée des paroles et des gestes qui s'y rattachent. Souvent aussi, on essaye d'augmenter l'enthousiasme religieux par la musique et le chant.

Les contorsions et les balancements prolongés sans mesure fournissent un moyen bien approprié au but qu'il s'agit d'attein-

Fig. 8. — Zikir avec balancements du corps.

dre : ils étourdissent l'esprit, produisent le vertige, et jusqu'à des convulsions. Quand un des croyants s'affaisse, l'écume à la bouche, au milieu d'une violente crise de nerfs, on crie au miracle : il est *melboûs*, c'est-à-dire sacré.

Ces exercices de l'islamisme se sont répandus avec facilité chez les Égyptiens, accessibles, comme on sait, de vieille date, à tout ce qui est mystique. « Aujourd'hui, dit M. Ebers, dans son beau livre sur l'Égypte, on les rencontre partout, en toute circonstance; ils ont même pris le caractère de réjouissances populaires.

« A se balancer tous ensemble en cadence, on éprouve le plaisir que nous avons tous ressenti, en plusieurs occasions, pendant notre jeunesse, à crier tous ensemble; mais si l'on remarque que la tête tourne, qu'on est pris de vertige, que les nerfs commencent à trembler, l'émotion finit par le

complet épuisement des forces physiques.
Le résultat se produit d'ordinaire au bout
d'un quart d'heure; le membre qui se re-
tire est remplacé aussitôt par un nouveau
membre, et ces changements perpétuent
le *zikr*.

« Les derviches, après un *zikr* désor-
donné, exécutent d'autres extravagances
répugnantes, comme de se percer les joues
et de rester en extase, de dévorer des scorpions et des bêtes dégoûtantes ou venimeu-
ses. »

Un danseur comique nommé Spinosa,
et que bien des Parisiens ont applaudi à
l'Opéra, se trouvant en représentation au
Caire, paria avec quelques amis, aussi peu
raisonnables que lui, de se mêler impuné-
ment à une de ces compagnies de pieux
musulmans, qui exécutent le *zikr* à l'exemple des derviches.

Le triomphe de Spinosa consistait à éxécuter un moulinet avec la tête : accroupi dans une attitude orientale, on l'avait vu, dans plus d'un ballet, se démener comme si son chef eût tenu aux épaules par un lien élastique.

Le pari accepté, notre danseur revêtit un costume de derviche mendiant, ce costume sous lequel le voyageur hongrois Hermann Vambéry a traversé une grande partie de l'Asie centrale, et il se glissa au plus épais du cercle de fanatiques, qui accomplissaient leurs extravagantes dévotions. Le croira-t-on? il réussit mieux qu'aucun d'eux, et au plus fort des exercices, le directeur, pour le récompenser de son enthousiasme si exemplaire, fit présent au danseur parisien d'une de ces calottes en mousseline blanche destinées aux plus fervents.

Outre ce petit présent, Spinosa avait gagné son pari. On s'en alla en bande fêter

Fig. 9. — Derviche mangeant des scorpions.

l'endiablé derviche; mais, soit qu'un soupçon eût germé dans l'esprit de quelque fanatique de l'assistance, soit que les parieurs se fussent livrés publiquement à de trop joyeuses démonstrations, on les suivit, et l'un d'eux fut presque assommé au moment où il rentrait à son hôtel.

AMUSEMENTS DES FIDJIENS

Les Fidjiens, qui occupent un des plus beaux archipels de l'Océanie, ont des divertissements plus variés que ne le sont d'ordinaire les amusements des sauvages.

Quelques-uns de leurs jeux ont une grande analogie avec ceux de nos écoliers. Comme eux, ils aiment à jouer à cache-cache et au colin-maillard ; le sauvage demeure toujours enfant, ce qui ne l'empêche pas, souvent, d'être cruel.

Aux îles Fidji, il y a aussi un jeu qui ressemble à celui du rat-kangurou des Australiens. Les joueurs se munissent d'un roseau, au bout duquel est un morceau de bois de forme ovale, très dur et très lourd, de 6 pouces de longueur. Ce jouet, qui figure tant bien que mal un rat orné d'une queue de trois ou quatre pieds, doit être tenu entre le pouce et le doigt du milieu, l'index étant réservé pour lui imprimer un choc et le lancer avec force. Grâce à un mouvement particulier de la main, le joueur chasse son « rat » horizontalement devant lui, de manière à le faire courir et sauter sur la terre jusqu'à une grande distance, à peu près comme on fait des ricochets à la surface de l'eau avec des cailloux plats.

Le gagnant est naturellement celui qui mène son rat de bois le plus loin possible.

Ce jeu passionne tellement les Fidjiens qu'aux abords de chaque village, on réserve et l'on entretient en bon état un terrain plat, où les amateurs se donnent libre carrière.

Un autre de leurs jeux est la balançoire; non pas l'escarpolette où nos demoiselles se bercent mollement, mais la balançoire du sauvage, celle que l'on trouve aussi à la Nouvelle-Zélande, et pour laquelle il faut de rudes poignets.

Du sommet d'un arbre mort et ébranché, ou du haut d'un mât planté en terre, tombent une ou plusieurs cordes : les indigènes s'y suspendent et le poids de leur corps imprime des oscillations. Chez nos insulaires de Fidji, à l'extrémité de ces cordes se trouvent souvent un nœud ou une ganse, fournissant un appui pour les pieds. On rend plus complet l'amusement en établissant cette balançoire sur le bord de la mer, afin de pouvoir se lancer dans l'eau en abandonnant la corde au moment opportun; la sensation du mouvement dans l'air est doublée de la sensation du mouvement de la vague.

Tous ces jeux ont, en général, une certaine rudesse, ce qui n'a rien d'étonnant. Ainsi, les Fidjiens aiment à s'attaquer avec des oranges vertes, comme le font les enfants chez nous en pétrissant la neige en boules. En certains lieux, ce ne sont pas des oranges que se jettent à la tête ces aimables insulaires, mais des pierres, lancées avec assez de force, au moyen de bambous élastiques, pour que les projectiles trouent plus d'une tête et fassent saigner plus d'un visage. C'est alors une véritable petite guerre.

Les Fidjiens sont d'admirables nageurs. Habitués dès l'enfance à prendre leurs ébats au bord de la mer, ils font de la natation un art véritable et un exercice habituel. Leur jeu favori, et celui qui a pour nous le plus d'originalité, est le *ririki.*

On s'y prépare en choisissant une plage

sablonneuse. Au bord de la mer, sur des pentes inclinées, se balancent de beaux arbres, des « bois de sandal », peuplés de perroquets au plumage éclatant, de grandes fougères, de superbes palmiers, des arbres à pain de diverses sortes, des cocotiers élevés.

Un cocotier est promptement abattu : le tronc, coupé à la hauteur des branches, est traîné jusqu'au rivage et fixé dans le sable, en ayant soin d'en incliner le bout au-dessus de l'eau.

Les femmes aiment avec passion le divertissement du *ririki*. Pour se délasser de quelque labeur, d'une pêche de tortues, par exemple, ou de la fabrication des étoffes du mûrier à papier, elles se réunissent en troupes sur la plage. Elles n'ont pas beaucoup de vêtements à quitter pour se mettre à l'eau : une ceinture large comme la main pour les jeunes filles, un court jupon pour les femmes, et les voilà dans le costume voulu, courant l'une après l'autre avec une ardeur sans pareille et une certaine sûreté de pied sur l'arbre couché au-dessus des vagues.

Une fois arrivées à l'extrémité, le plus beau du jeu consiste à piquer une tête dans l'eau. Elles reviennent à la rive en nageant, pour recommencer le même manège jusqu'à épuisement des forces. Ce sont, tout le temps, des cris de joie et des rires; et les plongeons se succèdent si rapidement que la mer en est toute blanche d'écume.

Au large, une pirogue à balancier, sa voile triangulaire ouverte, que le vent gonfle à peine, s'arrête souvent, et ceux qui la montent s'empressent de prendre leur part du divertissement favori.

Ces indigènes sont grands, bien faits;

ils ont des chevelures crépues si volu-

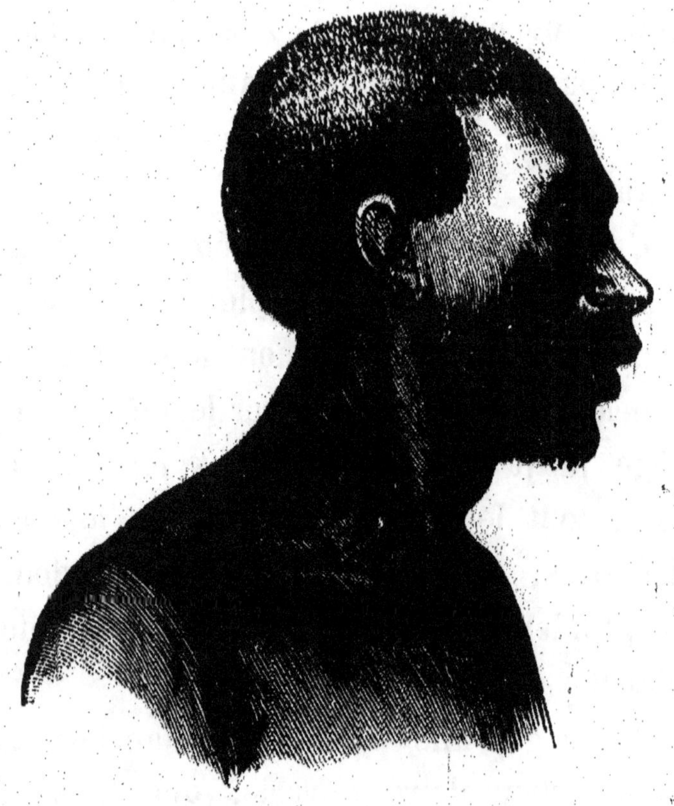

Fig. 10. — Un Fidjien.

mineuses qu'on les prendrait, avec leur
entourage d'étoffe blanche, pour d'énormes turbans; leur teint est d'un noir

bronzé, et les lobes de leurs oreilles sont
ornées de grands morceaux de bois, pas-
sés d'outre en outre. De plus près, on
leur verrait, sur les bras et la poitrine, ces
tatouages en relief, que décrit Dumont
d'Urville, et qu'ils obtiennent en creu-
sant dans la peau des trous, avivés jusqu'à ce que la cicatrice, en se boursou-
flant, devienne grosse comme une me-
rise.

On peut dire que ces femmes font une
ample provision de bon sang. De quoi
s'inquiéteraient-elles? Ne vivent-elles pas
dans le pays de l'abondance? Elles ont à
profusion, et presque sans culture, toutes
sortes de légumes, des patates qui pèsent
plusieurs kilos, des ignames qui vont jusqu'à cent livres, des oranges, des ananas,
des figues; leurs cruches de terre sont
pleines de la boisson enivrante; les impôts,
consistant en nattes, fil de coco, en dents

de baleine dont les rois feront des colliers, sont faciles à payer. Et elles ne craignent d'être battues en rentrant dans la hutte à la porte basse, car ces gaillardes sont de force à tenir tête à leurs maris.

Voilà, certes, un assez joli tableau des joyeux ébats de la vie libre. Mais il y a une ombre. Les îles Fidji, où la population ne songe qu'à s'amuser lorsqu'elle n'a pas sur les bras quelque guerre d'île à île — on compte les îles de cet archipel par centaines, — ont été le centre de l'anthropophagie au milieu des petits mondes noirs du grand Océan. Ces indigènes, si enjoués, ont été naguère d'affreux cannibales, qui longtemps ont guerroyé entre eux, dans le seul but de se procurer des prisonniers à mettre au four, entourés de patates. Le capitaine Dillon a raconté comment il s'était sauvé de leurs mains après avoir vu dépecer et rôtir plusieurs de ses compagnons. Des faits du même genre sont nombreux dans les annales maritimes.

Aujourd'hui, les choses ont beaucoup changé. L'Angleterre a accepté le protectorat de cet archipel; les missionnaires persuadent aux nouveaux convertis de se vêtir décemment et ont à peu près réussi à leur faire perdre l'habitude des banquets humains.

Est-ce un effet du changement de régime? Chez les Fidjiens, la population est en une décroissance telle qu'on peut prévoir le moment où ces insulaires auront cessé d'exister. Les races sauvages s'évanouissent au contact de la civilisation européenne.

FIN.

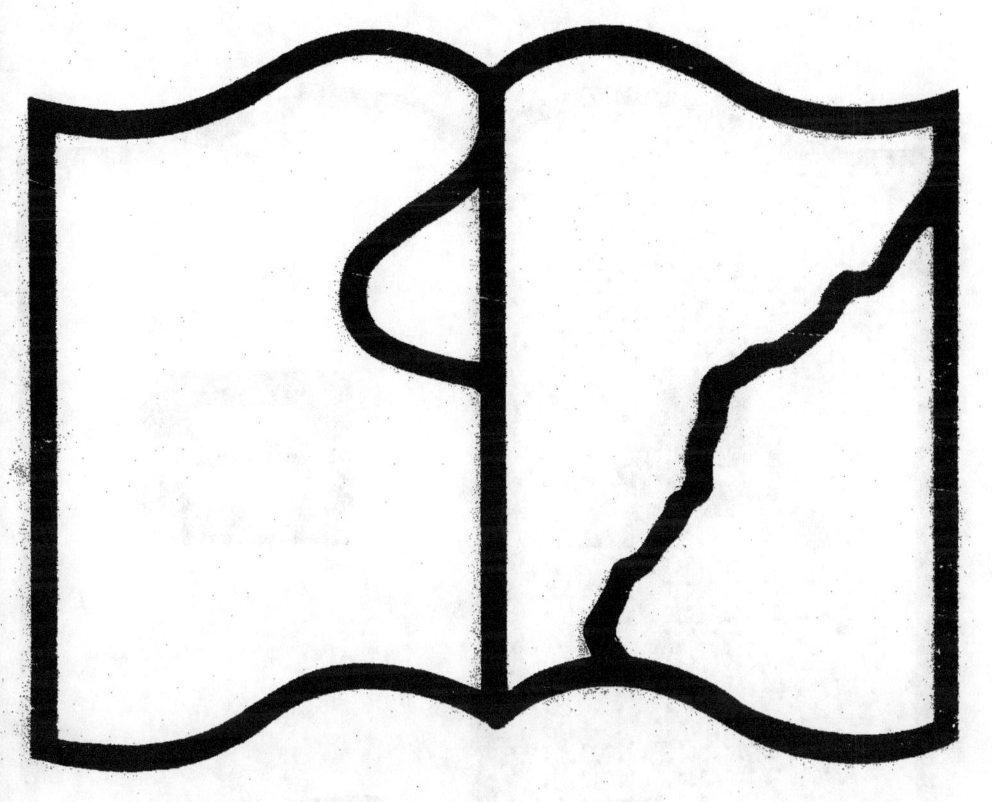

Texte détérioré — reliure défectueuse

NF Z 43-120-11

Contraste insuffisant

NF Z 43-120-14